「戦争」と「平和」をあらわす世界の言葉

池上 彰／監修　稲葉茂勝／著

もくじ

はじめに ……………………… 2	パキスタン ……………………… 22
この本の特徴 ………………… 3	●「なぜ戦車をつくることは簡単で、学校を建てることは難しいのか」…… 23
日本 …………………………… 4	アフガニスタン ………………… 24
韓国・北朝鮮 ………………… 6	スリランカ ……………………… 26
中国・台湾 …………………… 8	トルコ …………………………… 28
●繁体字と簡体字 ……………… 9	●アラビア語の世界 …………… 30
●中華人民共和国の戦争と平和 … 10	ギリシャ ………………………… 32
フィリピン …………………… 12	●国連公用語 …………………… 33
ベトナム ……………………… 14	●英語の世界 …………………… 34
カンボジア …………………… 16	●ラテン文字（ローマ字）の国ぐに … 36
タイ・ミャンマー …………… 18	●ロシア（ロシア語） ………… 38
インドネシア ………………… 19	結びにかえて …………………… 39
インド ………………………… 20	

はじめに

　わたしはこの本を書きはじめるにあたり、「戦争」「平和」のどちらの言葉を先に出したらよいかと、あらためて考えました。

　ロシアの文豪・トルストイの作品・長編小説『戦争と平和』は、登場人物の数が559人。ストーリーはとても複雑で、何度も読破したいと試みては断念したという人は、多いようです。それでもこの小説は、戦争という激動のなかで、生きがいとは何か、幸せとは何かを学んでいく、自分探しを続ける若者たちの成長の物語であるということもあって、世界中に数え切れないほどのファンがいます。

　トルストイのメッセージとは？　おそらく「戦争と平和」を通して、豊かな人生とは何なのか、生きる喜びとは何なのかをさぐることなのではないでしょうか。そう考えたわたしは、この本のタイトルも、「戦争」と「平和」の順番にしました。

　そもそも、古代ギリシャでは都市国家のあいだで生じた戦争を、自然の秩序の一部としてとらえていました。ギリシャの哲学者ヘラクレイトスは、「戦争が万物の父であり、万物の王である」として、「もし戦争がなければ、世界は存在することができない」と考えていたといわれています。

　ところが、2016年3月31日の新聞に、「『戦争は人間の本能』は誤り？」という見出し文字が踊りました。

　「戦争の発生は人間の本能に根ざしたものではない」と主張する、山口大学と岡山大学などの研究グループの論文が、英国の科学雑誌「Biology Letters」に掲載されたのです（3月30日）。同研究グループによると、日本列島で狩猟採集によって暮らしていた縄文時代の2582体分の人骨データを全国242か所から収集して調査した結果、1044体の大人の人骨のうち、傷を受けていたのは19体にとどまりました。ここから、暴力による死亡率は、1.8％にすぎなかったことが判明。これまで「戦争は人間の本能によるものだとされてきたが、そうではなく、環境、文化、社会形態などの要因によって左右される」と結論づけたのです。

2

このニュースを読んだわたしは、「えっ！」と思いましたが、この本では、現在世界各地で起こっている「戦争」が早く終わり、「平和」がやってくることを願って、『「戦争」と「平和」をあらわす世界の言葉』というタイトルに最終決定しました。

　この本では、「戦争」と「平和」をあらわす世界の言葉を、その言語を表記する文字とともに、その言語における言葉の意味を紹介していきたいと思います。

　各言語を母語として使用している人や言語の専門家を取材し、各国で使われている辞書の中身を、そのまま読者のみなさんにご覧いただくことも試みました。

　わたしたち日本人から見ると、なんともふしぎに感じる文字を見て、その意味を知り、「戦争」と「平和」について、いっしょに考えていただけたら、こんなにうれしいことはありません。

この本の特徴

※この本には、「国語」と「公用語」という言葉が出てくる。「国語」とは、その国の人が自国語として使い、国民の共通の言葉となっている言語。「公用語」は、ある国のなかや組織のなかでいくつもの言語が用いられているとき、公の場で使うことが認められている1つまたは複数の言語のこと。

日本
(日本語)

戦争（センソウ）

1945年5月、沖縄の大名高地で銃をかまえるアメリカ海兵隊員。1945年3月26日から6月23日まで沖縄本島および周辺の島じまでくりひろげられた沖縄戦は、太平洋戦争における日本とアメリカとの最大規模で最後の戦闘となった。

①『広辞苑』
- たたかい。いくさ。合戦。 ・武力による国家間の闘争。

②『大辞林』
- 武力を用いて争うこと。特に、国家が自己の意志を貫徹するため他の国家との間で行う武力闘争。
- 激しい競争や混乱。(例)受験戦争、交通戦争

③『大辞泉』
- 軍隊と軍隊とが兵器を用いて争うこと。特に、国家が他国に対し、自己の目的を達するために武力を行使する闘争状態。国際法上は、宣戦布告により発生し、当事国間に戦時国際法が適用される。いくさ。
- 激しい争いや競争。(例)受験戦争、交通戦争

正式名称：日本国　面積：約37万8000k㎡　人口：約1億2679万人（2017年2月）
首都：東京都　言語：日本語　宗教：神道、仏教、キリスト教、その他
※人口・宗教は総務省統計より

平和 (ヘイワ)

沖縄の平和祈念公園（糸満市）に入るとすぐ目につく「平和の礎」。この礎には平和の心を広く内外に伝え、世界平和を願い、国籍や軍人・民間人の区別なく、沖縄戦などで亡くなったすべての人の氏名が刻まれている。太平洋戦争・沖縄戦終結50周年を記念して1995年に建設された。

①『広辞苑』
- やすらかにやわらぐこと。おだやかで変りのないこと。
- 戦争がなくて世が安穏であること。

②『大辞林』
- 戦争もなく世の中が穏やかである・こと（さま）。
- 争いや心配事もなく穏やかである・こと（さま）。

③『大辞泉』
- 戦争や紛争がなく、世の中がおだやかな状態にあること。また、そのさま。
- 心配やもめごとがなく、おだやかなこと。また、そのさま。

ワンポイント情報

平和と和平

中国語では平和を「和平（フーピン）」と書くが（→p8）、日本語にも「和平」という言葉がある。だが、日本語では、平和と和平は使い方が違う。「平和」が「平和な状態」をあらわすのに対し、和平は、「争っていた国どうしが仲直りするなど、平和な状態になること」を言う。このため、「平和を維持する」とは言うが、「和平を維持する」とは言わない。反対に「和平交渉」とは言うけれど、「平和交渉」とは言わない。また、「平和会議」は、本来、平和を議題とした会議のことで、「和平会議」は、争いの解決に向けた会議のことだとされている。

韓国（韓国語）  北朝鮮（朝鮮語）

전　쟁 （チョン　ジェン）

この写真は、朝鮮半島のほぼ中央部の北緯38度線上にある板門店（韓国側から撮影）。ここは、1953年に朝鮮戦争の軍事休戦協定が締結された場所で、朝鮮戦争の軍事境界線を監視するための、共同警備区域となっている。

日本語訳

- 国家または交戦する団体のあいだで、たがいに武力を用いておこなう争い。
- 「激しい競争や混雑した状態」を比喩して言う言葉。（例）入試戦争、交通戦争

 ワンポイント情報

朝鮮戦争

第二次世界大戦後、朝鮮半島の北側につくられた朝鮮民主主義人民共和国と南側の大韓民国とのあいだでくりひろげられた戦争。1950年6月に北朝鮮軍が韓国を侵略。北が中国人民義勇軍、南がアメリカ軍を主体とする国連軍の支援を受けて、一進一退をくりかえす戦争となった。「朝鮮動乱」ともよばれる。1953年7月に休戦となったが、韓国は、休戦を不満として調印を拒否。平和条約が未だに締結されていない。このため、平和そうに見える南側の韓国（大韓民国）も、実は現在でも戦時下にあるということだ。

正式名称：大韓民国	面積：約10万km²	人口：約5150万人（2015年12月）
首都：ソウル	言語：韓国語	宗教：仏教、キリスト教（プロテスタント・カトリック）、その他

正式名称：朝鮮民主主義人民共和国*	面積：約12万km²	人口：約2515万人（2015年）
首都：平壌	言語：朝鮮語	宗教：仏教徒連盟、キリスト教徒連盟等の団体があるとされる。

＊日本政府は北朝鮮に対して条約等に基づく国家承認をおこなっていない。

평화 （ピョンファ）

キムチは、数種類の野菜と香辛料などの材料をまぜあわせ、薬味であるヤンニョムで味付けをして発酵させた韓国の保存食だ。写真は「キムジャン」のようす。「キムジャン」という言葉は、長くて厳しい冬を越える準備をするために、翌年の春先まで食べる分のキムチを漬けておくことを指す。家族や近所の人たちと一緒にキムチを漬けて分かちあうことで、家族どうしの助けあい、近所の人とコミュニケーションをとる機会となる。韓国はこうした文化をユネスコの無形文化遺産に申請し、2013年12月に登録が認められた。だが、キムジャンの光景は、韓国だけのものではなく、北朝鮮にもある。翌年春までの越冬用の大量のキムチを漬ける「半年糧食」が、キムジャンに相当する。食料が不足している北朝鮮では、越冬用の食料を確保するのが大変で、このため半年糧食は、「キムジャン戦闘（キムチ漬けこみ戦闘）」ともいわれている。

日本語訳

- 平穏で和やかなこと。
- 戦争がなく、世界が平穏であること。

7

中国	台湾
（中国語）	（中国語）

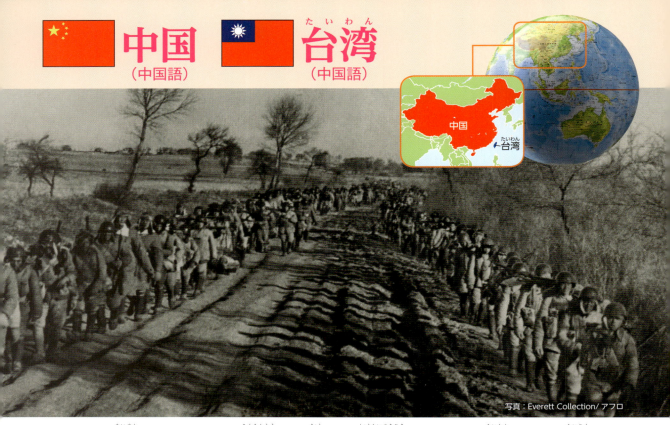

写真：Everett Collection/ アフロ

第二次世界大戦中、中国では、中国国民党と中国共産党が協力して日本と戦ったが（第二次国共合作）、日本が敗北すると、関係が急速に悪化。1946年国共内戦に発展した。当初、国民党軍が有利だった（写真は行進する国民党軍）が、しだいに共産党が巻きかえし、上海・南京を制圧。1949年10月北京で中華人民共和国の建国を宣言した。その2か月後の12月、蔣介石率いる国民党軍は台湾にのがれ、大陸近くの島じまを支配下に置いて中華民国を名のった。国連も台湾の中華民国を中国の代表とみなしたことから、「二つの中国」が存在することになった。ところが1971年10月25日、国連は、中国の代表を中華人民共和国に変更。近年では、軍事力を強化した中国が、台湾海峡の制海・制空権をにぎる状態になっている。

战争／戰爭
ジャンジョン（中国）／ザンゼン（台湾）

日本語訳

（中国で使用されている簡体字の辞書の例）
- 戦争とは、けんかするということ。長期間にわたって争いが続くこと。民族と民族、国家と国家、階級と階級、政治集団と政治集団のあいだの相互闘争の最高形式。争いが絶えない状態。

（台湾で使用されている繁体字の辞書の例）
- 2つ以上の敵対関係にあるものどうしが、相手の主張を屈服させ、自分の主張を実現するために、有形あるいは無形の威力を用い、勝負をつける闘争。

和平／和平
フーピン（中国）／ホゥピン（台湾）

日本語訳

（中国で使用されている簡体字の辞書の例）
- （名詞）戦争がない状態。
- （形容詞）温かい、刺激しない。
- 反対語：戦争

（台湾で使用されている繁体字の辞書の例）
- 戦争がない状態。

正式名称：中華人民共和国　面積：約960万km²　人口：約13億7600万人（2015年）　首都：北京　言語：漢語（中国語）　宗教：仏教、イスラム教、キリスト教など

正式名称：台湾　面積：約3万6000km²　人口：約2350万人（2016年4月）　主要都市：台北、高雄　言語：中国語、台湾語、客家語[*1]など　宗教：仏教、道教、キリスト教

[*1] 中国語の方言の1つ。中国南部の広東省の北東部などで話されている。

繁体字と簡体字

中国語の漢字には、「繁体字」と「簡体字」の2種類があります。
現在、中国で使われている漢字は簡体字ですが、
同じ中国語でも、台湾では繁体字が使われています。

■ 繁体字を用いる地域
■ 簡体字を用いるが、繁体字も用いる地域
■ 簡体字を用いる地域

※シンガポールも中国語が公用語になっている。

資料：外務省ホームページの各国基礎データおよび CIA "The World Factbook" 等

かつて世界各地で使われていた繁体字

　繁体字は、ひとことで言えば、昔から使われてきた画数の多い漢字の字体のこと。とくに中華人民共和国でおこなわれた「文字改革」政策によってつくられた「簡体字」と対比して、こうよばれる。
　繁体字は現在、主に台湾のほか、中華人民共和国の特別行政区となっている香港・マカオで使用されるほか、シンガポールをはじめ、世界各地にある華人コミュニティー（中国人社会）でも見られる。また、韓国でも、学術論文などには今でも使われている。ベトナムでもかつて、繁体字を使って越南語（ベトナム語）を表記していた。なお、現在繁体字が公式に採用されているのは台湾のみ。台湾では、政府の政策として、中国の伝統的な字体を守ろうとしている。

簡体字とは？

　識字率が低かった中華人民共和国では、複雑な漢字が国民の教育の障害になると考えられ、漢字を簡単にする政策がとられ、簡体字が生まれた。
　下は、戦争に関係する簡体字の中国語の例文。戦争の「戦」は、簡体字では「战」となる。

- 戦争が発生した。
  战争发生了。
- 戦争が終わって、平和がきた。
  战争结束、和平来了。

ワンポイント情報

日本の「新字体」と「旧字体」
日本でも、漢字は独自の簡略化がおこなわれた。1949年に「当用漢字字体表」が発表され、それ以来、略字が「新字体（通用字体[*2]）」として認められるようになった。簡略化される前の漢字は「旧字体」とよぶ。

[*2] 社会一般で広く使われている字体。

中華人民共和国の戦争と平和

1949年10月1日、毛沢東共産党主席が、北京で中華人民共和国建国を宣言。ここに現在の中国ができました。
このページでは、その後の中国の戦争と平和を見てみます。

中国の戦争・紛争の歴史

中華人民共和国は、中国大陸から台湾にのがれた国民党との争いにはじまり、まもなく地続きの朝鮮半島で起きた朝鮮戦争(→p6)に参戦。その後、周辺地域で、いくつもの戦争や紛争を経験してきた。次はその年表である。

1950年10月	朝鮮戦争に参戦。
1951年	人民解放軍、チベットに進駐。
1953年 7月27日	国連軍とのあいだで休戦協定成立。朝鮮戦争が終結した。
1956年	中国のチベット統治に対する、チベット人による独立運動が勃発(チベット動乱)。
1958年	人民解放軍が金門島を砲撃(金門砲戦)。
1959年 3月10日	人民解放軍がチベット人と衝突、チベットの宗教的指導者ダライ・ラマ14世はインドへと亡命(チベット蜂起)。❶
1962年	中印国境紛争勃発。
1969年	珍宝島(ダマンスキー島)*をめぐってソ連との国境紛争が起こる(中ソ国境紛争)。❷
1971年10月25日	国連総会で中華人民共和国が常任理事国となる。一方、それまで中国の代表だった台湾の中華民国は、国連での立場を失う(→p8)。
1972年 9月29日	日中国交正常化。❸
1979年 1月 1日	米中国交正常化。❹
1979年 2月17日	人民解放軍がベトナム北部を占領(中越紛争)。❺
1989年 3月	人民解放軍がふたたびチベットと衝突。
1996年	人民解放軍が、台湾の総統選挙に際し、台湾沖にミサイルを発射。アメリカが空母機動艦隊を派遣。
1997年 7月 1日	イギリスが支配していた香港が、返還された。❻
1999年12月20日	香港についで、ポルトガルからマカオが返還された。
2008年 3月10日	ラサで、チベット人による暴動が勃発。
8月 8日	北京オリンピック開催。❼

*中国とロシアの国境をなすウスリー川中流にある小島。

❶ 西藏起义(シーザンチイー)(チベット蜂起)

チベットをのがれ、インドに亡命したダライ・ラマ14世(前列左から2番目)。 写真:AP/アフロ

❼ 北京奥运(ベイチンアォユン)(北京オリンピック)

北京オリンピック開会式で打ちあげられた花火。

❷ 中苏边界冲突（中ソ国境紛争）

凍ったウスリー川の上で争うソ連軍と中国軍の兵士たち。
写真：Ullstein bild/アフロ

❸ 中日邦交正常化（日中国交正常化）

中国・北京の人民大会堂で、日中共同声明に調印し、周恩来首相（右）と文書を交換する田中角栄首相（左）。
写真提供：共同通信社／ユニフォトプレス

❹ 美国和邦交正常化（米中国交正常化）

国交回復直後の1979年1月下旬、アメリカを訪れた鄧小平副総理（左）と、ジミー・カーター大統領（右）。
© National Archives and Records Administration

❻ 香港回归（香港返還）

イギリスと中国の国旗がかかげられた香港の返還式典。

❺ 中越纠纷（中越紛争）

中国の攻撃をのがれ難民となったベトナムの人びと。
写真：Ullstein bild/アフロ

フィリピン
（フィリピノ語）

写真：AVENTURIER PATRICK/GAMMA/アフロ

フィリピン南部のミンダナオ島は、日本に一番近いイスラム紛争地帯といわれることがある。この島では、アキノ前大統領率いる政府軍と、独立をかかげるモロ・イスラム解放戦線（MILF）とのあいだで、長期にわたり紛争が続いてきた。2014年、ミンダナオ島のイスラム系住民が住む地域に「バンサモロ（モロ民族）」の名を冠した新たな自治政府を樹立する合意が成立したが、最近はIS（イスラム国）による紛争が再燃。

 digma ディグマ

日本語訳
- 国や民族どうしの武器を使った対立。そのような対立をしている時期。
- 戦いの芸術や科学。
- 敵対するものどうしの衝突。

正式名称：フィリピン共和国　面積：約29万9404km²　人口：約1億98万人（2015年）　首都：マニラ
言語：国語はフィリピノ語、公用語はフィリピノ語および英語。その他80前後の言語。
宗教：キリスト教（カトリック・その他）、イスラム教（ミンダナオではイスラム教徒が人口の2割以上）

この本は、ミンダナオ島の紛争地域に「子ども図書館」を建て、現在もNGOとして活動を続けている日本人が書いたノンフィクション。かつての紛争地帯にまかれた一粒の種は、発芽して着実に成長し、社会不安と貧困で笑顔が消えていた子どもたちに力をあたえ続けている。

『手をつなごうよ』
（彩流社、2016年刊）

kapayapaan （カパヤパアン）

日本語訳
- 生活環境が保証された状態。
- 争いや衝突、戦争がないこと。
- 心や近くの人との関係が安定している状態。

- kapayapaanの語根はpayapaで、「静かな、平和な、平穏な」という意味。
- フィリピノ語のほかの辞書には、平和という言葉の意味のなかに、家族の平穏がふくまれているものがある。これはスペイン語の辞書でも見られることから、フィリピンがかつてスペインの統治を受けていたことと関係することがわかる。

ベトナム
（ベトナム語）

chiến tranh
チェン　　　チャイン

1972年、はだかの女の子キム・フックは、背中に大火傷をおっていた。彼女は「死んじゃう、死んじゃう！　水をちょうだい、水をもってきて！」と泣きさけんでいた。ウトというベトナム人報道カメラマンの男性が気づき、この状況を撮影した。そして、水筒の水をあたえ、火傷にも水をかけて応急処置をした。『戦争の恐怖』と題されたこの写真は、『ニューヨーク・タイムズ』の第一面をかざった。翌年には、ピュリッツァー賞*を受賞。なお、ウトは、女の子を助けたことは公言しなかった。しかし、28年後のロンドンで、キム・フックが、エリザベス女王の前で「ウトさんはわたしの命の恩人です」と語ったと伝えられている。

ワンポイント情報
ベトナムの戦争の現代史
第二次世界大戦が終結し、日本軍が去ったあと、ベトナムはふたたび進出してきたフランスに抵抗。1946年インドシナ戦争が起こり、1954年まで続いた。ベトナムでは、その後も戦争が続いた。
- 1960〜1975年…ベトナム戦争。この戦争は、ベトナムの独立と統一をめぐり、北ベトナムの支援を受けた南ベトナム解放民族戦線（1960年結成）と、南ベトナム軍およびこれを支援するアメリカ軍とのあいだでくりひろげられた。1973年和平協定が成立し、アメリカ軍が撤退。1975年には、南ベトナム政府が崩壊し、翌年に南北が統一された。
- 1975〜1989年…カンボジア・ベトナム戦争（栗越戦争）
- 1979年…中越戦争
- 近年、南シナ海へ中国が進出。中国船がベトナム船に体当たりする事件も起き、一触即発の状況になっている。

*アメリカの文学賞・新聞賞。新聞経営者ジョセフ・ピュリッツァーの遺言により1917年に設けられた。毎年、ジャーナリズム・文学・音楽の分野ですぐれた社会的功績をあげた作品にあたえられる。

正式名称：ベトナム社会主義共和国　面積：約32万9241km²　人口：約9270万人（2016年）
首都：ハノイ　言語：ベトナム語　宗教：仏教、キリスト教（カトリック）、カオダイ教ほか

ホア　ビン
hòa bình

写真：AP／アフロ

写真提供：共同通信社／ユニフォトプレス

日本人がよく知るベトナム人と言えば、かつては、ベトくんとドクくんだった。彼らは、ベトナム戦争中にアメリカ軍が散布した枯れ葉剤の影響で結合双生児（身体の一部が結合した双子）として誕生。1988年10月にホーチミン市立トゥーズー病院で分離手術がおこなわれた。この手術には、日本赤十字社の支援により、日本から医師団が派遣され、高度な医療技術が提供された。ベトナム人医師70人、日本人医師4人で医師団が編成され、17時間におよぶ大手術がおこなわれた結果、分離に成功。ベトくんに左足が、ドクくんには右足がそれぞれ残され、ドクくんには左足用の義足が日本から提供された。2006年12月、成長したドクくんが結婚。しかし、兄のベトくんは2007年10月、腎不全と肺炎の併発により26歳で死去した。

日本語訳
- 2組の対戦相手間の武力衝突状況。

日本語訳
- 平和（の）状況、戦争がない状態。

ワンポイント情報
ベトナム語の特徴

フランスが影響をおよぼす以前のベトナムでは、「チュノム」とよばれる、漢字をもとにしてつくられた文字が使われていたが、非常に難解であることからしだいに使われなくなり、かわって用いられるようになったのが、ヨーロッパの宣教師によってもたらされたアルファベットだ。現在のベトナム語は、中国の影響を受けた言語でありながら、表記にアルファベットが用いられている。英語のアルファベットと異なり、F・J・W・Zは基本的には使用しない。

15

カンボジア
（カンボジア語）

ソンクリアム
សង្គ្រាម

日本語訳
・戦争、軍、戦い。

正式名称：カンボジア王国　面積：約18万1000km²　人口：約1470万人（2013年）
首都：プノンペン　言語：カンボジア語　宗教：仏教（一部少数民族はイスラム教）

第二次世界大戦後にカンボジアはフランスから独立。その後シハヌーク国王の下で国の成長を目指すが、1970年、ベトナム戦争に巻きこまれる。その際、アメリカを後ろ盾にしたロン・ノル政権がシハヌークを追放した。これに対し、ポル・ポトら共産勢力が蜂起し、1975年から1979年まで権力の座にあったわずか数年間に、政権に従わないとする人びとを虐殺。その数、100万～200万人ともいわれている。カンボジアは、その後も内戦が続いたが、1991年、国連の介入によって、ようやく22年にわたる内戦が収束。翌1992年より国連カンボジア暫定統治機構（UNTAC）が活動し（このときはじめて日本の自衛隊がPKO＝平和維持活動の一環として海外に派遣された）、1993年にUNTACの監視の下で選挙が実施され、安定を回復した。写真の頭蓋骨は戦争の象徴であると同時に、それを保存する施設は、平和な時代となっても、悲惨な戦争の記憶を風化させないためのものである。

サンタピアッ
សន្តិភាព

日本語訳
・平穏な状態またはそのようす。平和で安全な、治安のよい、和解した状態。

ワンポイント情報

慰霊塔
カンボジア国内には、ポル・ポト時代に虐殺がおこなわれた刑場の跡が各地にあり、「キリング・フィールド（虐殺の地）」とよばれている。左の写真は、虐殺の犠牲者を慰霊するために、キリング・フィールドに建てられた慰霊塔。壁面に書かれているのは、この慰霊塔をつくるために寄付（もしくはお布施）をしてくれた人たちの名前と寄付の金額。寄付者への感謝の意を表明するために書かれているという。

17

タイ（タイ語）

正式名称：タイ王国　面積：約51万4000km²
人口：約6572万人（2015年）　首都：バンコク
言語：タイ語　宗教：主に仏教、ほかにイスラム教

プリーディー元首相が創設したバンコクのタンマサート大学。

タイは、第二次世界大戦で日本軍の進駐を受けて日本側につき、イギリスとアメリカに宣戦布告した。しかし、その後、プリーディー（タイの政治家、元首相）が抗日運動の「自由タイ」を指揮し、巧みな政治手腕により、「タイの宣戦布告は無効である」と宣言した。結果、連合国側とのあいだの敵対関係を終結させ、しかも、敗戦国とならずにすんだといわれている。

ソンクラーム　สงคราม

日本語訳
・争うこと、戦うこと。

サンティパープ　สันติภาพ

日本語訳
・おだやかなこと。

ミャンマー（ミャンマー語）

正式名称：ミャンマー連邦共和国　面積：約68万km²　人口：約5141万人（2014年9月）　首都：ネーピードー　言語：ミャンマー語
宗教：仏教、キリスト教、イスラム教など

左の女性がだれかは、日本でも多くの人が知っている。アウン・サン・スー・チー。彼女は、ビルマ（ミャンマー）の独立運動のリーダーで、1947年に暗殺された「ビルマ建国の父」とよばれるアウン・サン将軍の娘。ミャンマーの民主化運動の指導者で、軍事政権の下で長期間自宅軟禁されていたが、2016年3月30日、ティン・チョーを大統領とする新政権が発足したことにともない、外相・大統領府相となり、新設された国家顧問にも就いた。1991年、ノーベル平和賞受賞。

シッ　စစ်

日本語訳
・国どうしが武器をもって戦うこと。紛争。

ニェインチャンイェー　ငြိမ်းချမ်းရေး

日本語訳
・騒動、暴動、戦争などがない状態のこと。

ミャンマー語の「平和」という単語は、「火が消える」という意味の動詞と、「寒い・冷たい」を意味する形容詞を組みあわせたもの。ミャンマーは暑さのきびしい国のため、火や熱いものよりも、寒い・冷たいものがより平和に近いということ。

18

インドネシア
（インドネシア語）

正式名称：インドネシア共和国　面積：約189万km²　人口：約2億5500万人（2015年）　首都：ジャカルタ　言語：インドネシア語　宗教：イスラム教、キリスト教（プロテスタント・カトリック）、ヒンドゥー教、仏教、儒教、その他

写真：ロイター／アフロ

1998年12月から2001年12月にかけてインドネシアのポソ（中部スラウェシ州北東沿岸部の港）で、ムスリム（イスラム教徒）とクリスチャン（キリスト教徒）との争いが発生。きっかけは若者のけんかだったが、死者1000人にのぼる宗教戦争に発展した。写真は、戦争後、市民がつくった武器を警察が焼いているところ。

perang
（プラン）

日本語訳
- 2国間の武器を使った戦闘。
- 2つの集団による大規模なけんか。

damai
（ダマイ）

日本語訳
- 戦争や争いのないこと。

インドネシア語では、damai のほか、似た言葉として心の平穏・静けさをあらわす ketentraman（カテンチラマン）が使われている。

インド
（ヒンディー語）

写真：AP/アフロ

ユドゥ
युद्ध

➡ युद्ध पुं० [सं०] राज्यों या राष्ट्रों के दो पक्षों में होनेवाली सैनिक लड़ाई, संग्राम, रण।
युद्धा० युद्ध मोर्चा=लड़ाई
युद्धक वि० [सं०]

日本語訳
・2つの国のあいだで起こる軍事的戦い、戦闘。

インドとパキスタンは、1947年の8月、イギリス領からそれぞれ独立。以来、対立関係にある。1965年と1971年にも国境紛争が勃発。写真は、1965年に撮影されたインド軍の砲兵のようす。近年でも2008年11月、インドのムンバイで同時多発テロが起こり、日本人をふくむ160人以上が犠牲となった。インドは、パキスタンから侵入してきたイスラム過激派の犯行と断定し、パキスタン側に犯人の引き渡しを要求したが、パキスタンは、テロ実行犯を逮捕しながらも、引き渡しを拒否したうえ、証拠不十分として釈放した。このため、インドが強く反発し、両国関係がさらに悪化した。

正式名称：インド　**面積**：約328万7469k㎡（パキスタン、中国との係争地をふくむ）　**人口**：約12億1057万人（2011年）
首都：ニューデリー　**言語**：連邦公用語はヒンディー語、ほかに憲法で公認されている州の言語が21
宗教：ヒンドゥー教、イスラム教、キリスト教、シク教、仏教、ジャイナ教

写真：AP/アフロ

シャンティ
शांति

2010年にインド東部の都市コルカタで開かれた、マザー・テレサ（左上）の生誕100年記念式典。インドで半生を過ごした修道女マザー・テレサは、貧困者や老人、孤児、障がい者などの慈善施設を開設。1979年にはノーベル平和賞を受賞。マザー・テレサの意志は、現在も多くの修道女たちに受けつがれている。

日本語訳

- 苦しみや痛み、悲しみのない心理状況、精神的安定。
- 感情がコントロールされている状態。
- 喧騒や怒号のないこと。
- 戦争や殺人のないこと。
- 社会や国のなかに騒動や運動、敵対行為、争いのないこと。
- 障壁や不吉などを遠ざける宗教効用。

21

パキスタン
（ウルドゥー語）

2014年にノーベル平和賞を受賞したパキスタン人のマララ・ユスフザイさん（当時17歳）。女性や子どもの教育の権利をうったえて活動してきたマララさんは、受賞式典で「なぜ戦車をつくることは簡単で、学校を建てることは難しいのか」と講演。

写真：ロイター／アフロ

グンャジ
※右から左へ読む。

日本語訳
- 戦い、軍事衝突、敵対行為、敵意。

ンマア
※右から左へ読む。

日本語訳
- 心の平静、満足、平穏と安息。
- 平和（戦争のない状態、休戦）、和解、保護。

ワンポイント情報

東パキスタン

インド半島の北西部のインダス川流域を占めるパキスタン・イスラム共和国は、通称パキスタン（かつて「西パキスタン」とよばれていた）。1947年にイギリス領インドから独立した際、国土はインドをはさんで東側にもあった（東パキスタン）が、1971年に独立してバングラデシュ人民共和国となった。

写真：AP／アフロ

1971年12月、バングラデシュ独立をよろこぶ市民たち。

正式名称：パキスタン・イスラム共和国　面積：約79万6000k㎡　人口：約1億9540万人（2015-16年）
首都：イスラマバード　言語：国語はウルドゥー語、公用語は英語　宗教：イスラム教（国教）

「なぜ戦車をつくることは簡単で、学校を建てることは難しいのか」

2014年12月11日　HuffPost　ホームページより抜粋

慈悲あまねく慈愛深きアラーの御名において。

国王、王妃両陛下、皇太子、皇太子妃両殿下並びにノルウェー・ノーベル委員会のみなさん、親愛なる姉妹兄弟のみなさん。今日は私にとって、素晴らしく幸せな日です。ノーベル委員会がこの貴い賞に私を選んでくださり、身に余る光栄です。

みなさんの絶え間ない支援と愛に感謝します。今も世界中から届く手紙やカードに、お礼申し上げます。みなさんの親切や励ましの言葉に元気づけられ、刺激を受けています。

両親の無条件の愛に感謝します。父は、私の翼を切り取らず、羽ばたかせてくれました。母は、がまん強く、いつも真実だけを語ろうという気にさせてくれます。これこそ、私たちが強く信じている、イスラムの真のメッセージです。

そして、私に、自分を信じ、勇敢に立ち向かうよう鼓舞してくれた、すべてのすばらしい指導者の方々に、感謝しています。

この賞をいただく最初のパシュトゥン人、最初のパキスタン人、そして最年少であることを、とても誇りに思います。また、まだ弟たちとけんかするようなノーベル平和賞の受賞者も、私が初めてだと確信しています。

（中略）

親愛なる兄弟姉妹のみなさん、私は、パシュトゥン人のジャンヌ・ダルクともいわれる「マイワンドのマラライ」にちなんで名付けられました。「マララ」という言葉は「悲しみにうちひしがれた」とか「悲しい」という意味ですが、それに「幸福」の意味を加えようと、祖父はいつも私を、「マララ、世界で最も幸せな少女」と呼んでくれます。今日、この大切な目的のために、私たちが共に闘っていることを、とても幸せに思います。

この賞は、私だけのものではありません。教育を望みながら忘れ去られたままの子供たちのものです。平和を望みながら、おびえる子供たちのものです。変化を求めながら、声を上げられない子供たちへの賞なのです。

今、私は彼らの権利のために、そして彼らの声を届けるために、ここに立っています。今は、彼らを哀れんでいるときではありません。教育の機会を奪われた子供たちを見るのを、これで最後にするために、行動を起こすべきときなのです。

私は、人々が私のことを、いろんなふうに呼ぶことに気づきました。

ある人は、タリバーンに撃たれた少女と。

またある人は、自分の権利のために闘う少女と。

そして今は、「ノーベル賞受賞者」とも呼ばれます。

弟たちからは「うるさくて、偉そうなお姉ちゃん」と呼ばれているのですが…。

（中略）

2012年、テロリストは私たちを止めようとし、バスの中で私と今ここにいる友人を襲いました。しかし、彼らの考えや銃弾が勝利することはありませんでした。私たちは生き延びたのです。そしてその日から、私たちの声はさらに大きくなっていったのです。

私が自分の身に起こったことを話すのは、珍しい話だからではありません。どこにでもある話だからです。多くの少女に起こっている話なのです。

今日、私は彼女たちの話もします。私はオスロに何人かの「姉妹」を招きました。彼女らはパキスタンやナイジェリア、シリア出身で、この話を共有しています。私の勇敢な姉妹であるシャジアとカイナート・リアズは、あの日スワートで私と一緒に撃たれ、彼女らも悲惨なトラウマを経験しました。ひどい暴力と虐待を受けたパキスタン出身のカイナート・スームロは、兄を殺されましたが、屈しませんでした。

（中略）

親愛なる兄弟姉妹のみなさん。いわゆる大人の世界であれば理解されているのかもしれませんが、私たち子供にはわかりません。なぜ「強い」といわれる国々は、戦争を生み出す力がとてもあるのに、平和をもたらすことにかけては弱いのでしょうか。なぜ、銃を与えることはとても簡単なのに、本を与えることはとても難しいのでしょうか。なぜ戦車をつくることはとても簡単で、学校を建てることはとても難しいのでしょうか。

（中略）

私たちで終わらせましょう。この「終わり」を始めましょう。今、ここから、共に「終わり」を始めましょう。ありがとうございました。

アフガニスタン
（ダリー語・パシュトゥー語）

©Michael Schwab

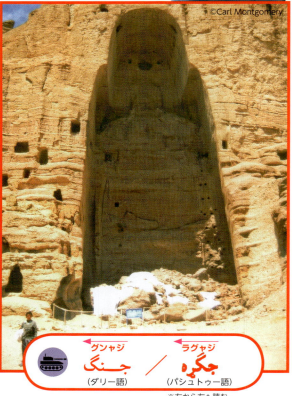
©Carl Montgomery

グンャジ	ラグャジ
ジنگ	جګړه
（ダリー語）	（パシュトゥー語）

※右から左へ読む。

日本語訳

（ダリー語の辞書）
- 論争。
- 紛争。
- 戦い。

（パシュトゥー語の辞書）
- 平和的な手段で解決しなかった目的のために、複数の国ぐにや2つの国家どうしが、物質的あるいは非物質的な力で衝突すること。

アフガニスタン紛争は、1979年から現在まで引き続いているアフガニスタンでの一連の内戦のこと。複雑な民族構成に宗教的・政治的な立場がからんで起こった政変に乗じて、1979年にソ連が軍事介入。アメリカ・ソ連の代理戦争としての内戦が勃発した。1989年にソ連軍は完全撤退し、1992年に反政府ゲリラ勢力が政権をとったが、その後もゲリラ各派の主導権争いのために内戦が続いた。2001年12月に暫定政権が発足。この政権に反対するイスラム原理主義勢力のタリバンは、依然としてテロ活動を中止せず、紛争はまだおさまっていない。写真は、アフガニスタンのほぼ中央部に位置するバーミヤンにある遺跡。この地で1000年以上もの昔から存在した大仏（左、1973年撮影）が、2001年3月、タリバンによって破壊された（右）。一連の紛争のため、パキスタンやイランなど近隣諸国にのがれた難民は、300万人といわれている。

正式名称：アフガニスタン・イスラム共和国　**面積**：約65万2225km²　**人口**：約2916万人（2016-17年）
首都：カブール　**言語**：公用語であるダリー語、パシュトゥー語のほか、ハザラ語、タジク語など
宗教：イスラム教（主にスンニ派だが、ハザラ人はシーア派）

アフガニスタンは、古くから農業がさかんな国。店先には、スイカやブドウ、リンゴ、ザクロ、キュウリなど季節ごとに色とりどりの果物や野菜がならぶ。写真は、アフガニスタン東部にあるワルダク州の市場（2008年）。

ISAF photo by U.S. Navy Petty Officer 2nd Class Aramis X. Ramirez

سوله（ソラ）（パシュトゥー語）／ صلح（ソルフ）（ダリー語）
※右から左へ読む。

ダリー語の辞書。

パシュトゥー語の辞書。

日本語訳

（ダリー語の辞書）
- 妥協（する）。
- 和解（する）。
- 合意。
- 争いごとを解決したのちの合意。
- 降伏するための条約。
- だれかとの和解を目指していること。

（パシュトゥー語の辞書）
- 戦争や戦いのない状態。
- 戦いを終わらせるための合意や条約。
- 静寂。
- 心の平穏。心の葛藤がない状態。

スリランカ
（シンハラ語）

写真：ロイター／アフロ

インド洋にうかぶ島国スリランカには、シンハラ人（約7割）、タミル人（約2割）などが暮らしている。この国では、政府がシンハラ人を優遇してきたことにタミル人が反発し、1976年、タミル人の過激派が「タミル・イーラム解放の虎（LTTE）」を結成して、反政府武力闘争をはじめた。1983年には政府軍とLTTEとが全面的な戦闘に突入。この内戦で、シンハラ人・タミル人ともに多数が難民となった。写真は、スリランカ北部のバブニヤにある難民キャンプ（2009年12月）。

ユッダヤ
යුද්ධය

日本語訳
・武器などを使って争うこと。

サーマヤ
සාමය

日本語訳
・紛争のない快適さ。

正式名称：スリランカ民主社会主義共和国　面積：約6万5607km²　人口：約2103万人（2016年）
首都：スリ・ジャヤワルダナプラ・コッテ　言語：公用語はシンハラ語およびタミル語、連結語＊として英語が使われる
宗教：仏教、ヒンドゥー教、イスラム教、キリスト教
＊異なる言語を使う民族間をつなぐ言語。

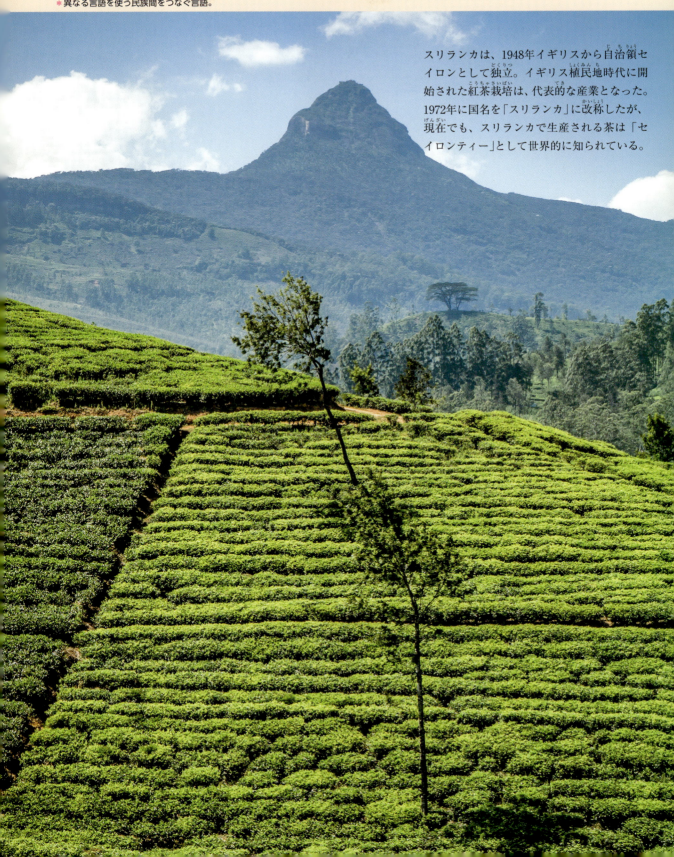

スリランカは、1948年イギリスから自治領セイロンとして独立。イギリス植民地時代に開始された紅茶栽培は、代表的な産業となった。1972年に国名を「スリランカ」に改称したが、現在でも、スリランカで生産される茶は「セイロンティー」として世界的に知られている。

トルコ
（トルコ語）

2017年1月1日、トルコ最大都市のイスタンブールで男が銃を乱射。多数の死傷者を出した。IS（イスラム国）が犯行声明を発表。トルコの、シリア・イラクとの国境近くの一部がISの支配下にあり、ISはそこを通って戦闘員や武器を密輸しているといわれている。

●2016年のトルコで起きた主なテロ

8月20日	南部のシリア国境近くにあるガジアンテップで結婚式会場がおそわれた。子どもを使った犯行だった。
12月10日	イスタンブールのサッカー・スタジアム付近で2回爆発。
12月17日	トルコ中部の都市カイセリで、兵士輸送のバスをねらい、近くで自動車爆弾が爆発。
12月19日	首都アンカラで、ロシア大使が式典でスピーチをしているときに銃で撃たれて死亡。

👆ワンポイント情報
ヨーロッパの一員を自認
第二次世界大戦の際、トルコは当初中立を宣言。中立を維持したが、1945年のはじめに連合国側の勝利が決定的となった段階で、枢軸国側に宣戦を布告（連合国側の圧力があったといわれている）。これにより、トルコは戦勝国となり、国連の原加盟国となった。トルコはイスラム教国でありながら、ヨーロッパの一員であると自認する国民が多く、政府は欧州連合（EU）への加盟を目指している。

正式名称：トルコ共和国　面積：約78万576㎢　人口：7981万4871人（2016年）
首都：アンカラ　言語：トルコ語
宗教：イスラム教（主にスンニ派、アレヴィー派）、ギリシャ正教、アルメニア正教、ユダヤ教など

写真提供：共同通信社／ユニフォトプレス

1985年3月、イラン・イラク戦争のさなか、撃墜される危険があるにもかかわらず、トルコ政府がトルコ航空機を派遣して、イランのテヘランに取りのこされた日本人を国外に脱出させた。写真は、当時の機体デザインを復刻したトルコ航空機。救出劇から30年後の2015年に、トルコ―日本間を運行した。

写真：ロイター／アフロ

👆 ワンポイント情報

エルトゥールル号遭難事件

1890年6月、トルコ（当時はオスマン帝国）の使節が日本と国交を結ぼうと軍艦エルトゥールル号に乗って来日。ところが、その帰路の9月16日夜、和歌山県の串本町沖で暴風雨にあい沈没。500人以上の犠牲者を出し、生存者はわずか69人だった。そのとき救助にあたったのが、大島（現在の串本町）の住民だった。上で取りあげた、イラン・イラク戦争時のトルコによる日本人救出は、「エルトゥールル号の恩返し」だといわれた。

サヴァシュ
savaş

バルシュ
barış

日本語訳

- 政府が外交的な関係を断っておこなう、武力をともなう戦い。
- けんか、争い。
- 動物どうしがおこなう争い。
- あるものを全滅させる、なくす目的でおこなう戦い。（例）結核撲滅運動

日本語訳

- 和解すること。
- 争いが終わったことを条約によって示したあとの状況。
- こうした条約後の人類史上のプロセス。
- 調和と相互理解、寛容からなる状況。

29

アラビア語の世界

アラビア語はイスラム教とともに大きく広まり、現在、アラビア半島から北アフリカ西岸にかけて使用されている言語です。ペルシャ語・トルコ語(→p28)・ウルドゥー語(→p22)・インドネシア語(→p19)などに大きな影響をあたえています。

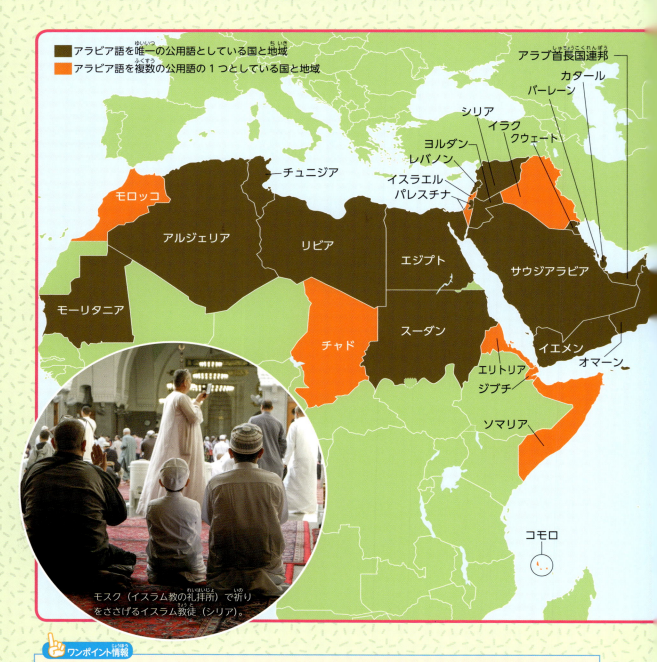

モスク（イスラム教の礼拝所）で祈りをささげるイスラム教徒（シリア）。

ワンポイント情報

アラビア文字

アラビア文字はイスラム教の聖典『コーラン』を書きあらわす文字。4～5世紀に体系化され、文字はすべて子音字（28文字）で、母音は補助的な記号を子音字の上下につけてあらわし、右から左に書く。現在では、アラビア語・ペルシャ語・パシュトゥー語・ウルドゥー語などの表記に使われている。

●アラビア語を公用語としている国と地域の一覧(五十音順)

国・地域	ほかの公用語
アラブ首長国連邦	
アルジェリア	
イエメン	
イスラエル	ヘブライ語
イラク	クルド語
エジプト	
エリトリア	ティグリニャ語
オマーン	
カタール	
クウェート	
コモロ	フランス語
サウジアラビア	
ジブチ	フランス語
シリア	
スーダン	
ソマリア	ソマリ語、第2公用語として英語、イタリア語
チャド	フランス語
チュニジア	
バーレーン	
パレスチナ	
モーリタニア	
モロッコ	ベルベル語
ヨルダン	
リビア	
レバノン	

資料：外務省ホームページの各国基礎データおよび、CIA "The World Factbook" 等

コーラン。

ブルハ
حرب
※右から左へ読む。

日本語訳
・2つのグループ間での殺戮。

ムーラサ
سلام
※右から左へ読む。

日本語訳
・安全。戦争の反対。

ワンポイント情報
アラビア語の辞書
アラビア語の世界では、国によって独自の辞書が必ずしもあるわけではない。いくつかの代表的な辞書が、全アラブ諸国*で用いられている。なお、

アラビア語を使う国ぐにでは、あいさつ言葉も共通で、「こんにちは」にあたるのが、「アッサラーム　アレイクム（あなた方の上に平和（平安）あれ」で、サラーム（平和）が使われている。

*アラブ系の民族を国民の主体とする国家。

ギリシャ（ギリシャ語）

正式名称：ギリシャ共和国　面積：約13万1957km²
人口：約1081万人（2015年）　首都：アテネ
言語：現代ギリシャ語　宗教：ギリシャ正教

オリンピックは、紀元前に古代ギリシャのオリンピアでおこなわれていた古代オリンピックが発祥。写真は、オリンピアで実施された、ロンドンオリンピック（2012年）の採火式のようす。古代オリンピックは戦争を中断してでも開催されたことから、平和の象徴とされてきた。しかし、近年、オリンピックが国際政治に利用されたり、国の力を国際社会にアピールするために使われたりする傾向もある。

| ポレモス πόλεμος | イリニ ειρήνη |

国連公用語

国連発足時の公用語は英語、スペイン語、フランス語*、ロシア語、中国語の5つです。これらは、第二次世界大戦の戦勝国であり、使用人口が多い国の言語です。

*フランス語の使用人口は少ないが、かつての植民地など30か国で使われている。

ニューヨークにある国連本部ビル。

アラビア語も国連公用語！

アラビア語（→p30）は、ほかの言語と異なり、世界が「オイルショック」におそわれた際の1973年に国連公用語に追加された。使用人口や使われている地域の広さなどから見て、それまで国連公用語とされていなかったことのほうがおかしいくらいだといわれている。

英語の世界

英語はもともと現在のイギリスのイングランド地方で発展してきた言語で、その名称も「イングランド語」に由来するもの。イギリスの移民・植民地政策によって世界各地に広まり、現在ではアメリカ、オーストラリア、カナダをはじめ、世界中で使われ、国連(UN)や欧州連合(EU)の公用語にもなっています。

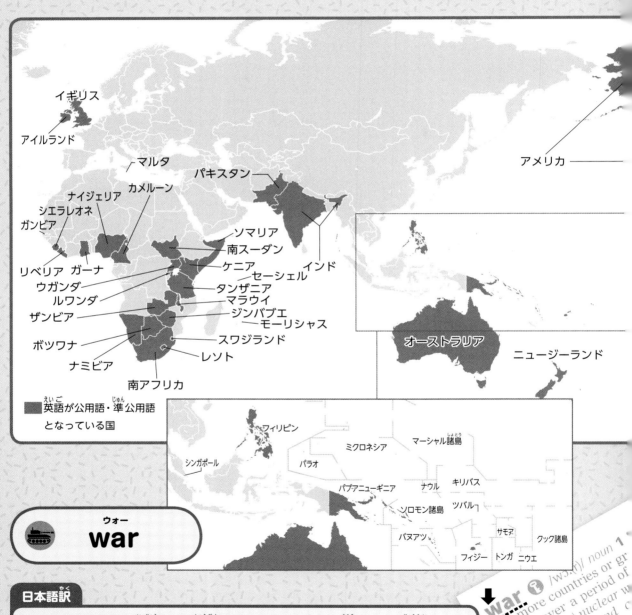

英語が公用語・準公用語となっている国

war（ウォー）

日本語訳

- 2国あるいはそれ以上の国や集団がある期間にわたって争っている状態。
- 集団、会社、国などのあいだで激しい競争がある状態。
- 不快なもの・ことを取りのぞく、あるいはとめるための長期間にわたる戦い、奮闘。

> **ワンポイント情報**
>
> ### 英語を母語とする人口
>
> 母語とは、生まれたときから家族やまわりの人が話すのを聞いて、自然に身についた、はじめての言語のこと。英語の母語話者数は、およそ4億人とされている。その数は中国語の約13億人（そのうち普通話*は約9億人）、スペイン語の約4億5000万人についで、第3位である。
>
> ＊中国における民族共通語（標準語）のこと。
>
> 出典：Ethnologue 20th edition（2017年）

アメリカの子どもたち。

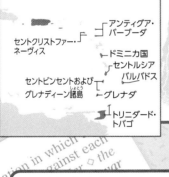

資料：外務省ホームページの各国基礎データおよび、CIA "The World Factbook" 等

peace（ピース）

日本語訳

- 国や地域で戦争や暴力がない状態。またはそのような期間。
- おだやかな、あるいは静かな状態。
- 論争がなく、仲よく暮らしている状態。

- a situation in which two or more countries or groups of people fight against each other over a period of time
- a situation in which there is aggressive competition between groups, companies, countries, etc.
- a fight or an effort over a long period of time to get rid of or stop something unpleasant

- a situation or a period of time in which there is no war or violence in a country or an area
- the state of being calm or quiet
- the state of living in friendship with somebody without arguing

※英語のみ原文をぬきだしてルビをふった。

35

ラテン文字（ローマ字）の国ぐに

ラテン文字とは、英語などの表記に用いる文字のことです。
日本では「ローマ字」「アルファベット」などとよばれています。もともとは、ラテン語を書きあらわすためにエトルリア文字をもとにして生まれました。

ノルウェーの憲法記念日（5月17日）のパレード。たくさんの子どもたちが参加する。

■ ラテン文字を使用している国（公用語において）

資料：外務省ホームページの各国基礎データおよび、CIA "The World Factbook" 等

ワンポイント情報

多くの言語を表記

ラテン文字は、ラテン語や英語以外に、イタリア語、フランス語、ドイツ語、オランダ語、スペイン語、ポルトガル語、デンマーク語、スウェーデン語、ノルウェー語、ポーランド語、チェコ語などヨーロッパの言語だけでなく、トルコ語、ベトナム語、インドネシア語、タガログ語、スワヒリ語などでも使われている。アジアやアフリカで使われるようになったのは、西欧文化の波及にともなってのこと。ベトナム語ではチュノム文字からラテン文字へ、インドネシア語ではジャウィ文字からラテン文字へ、国策としてメインの記述文字が切りかえられた。さらに日本語でもローマ字として使われ、中国語（漢字）、アラビア語（アラビア文字）、ロシア語（キリル文字）のようにメインの記述文字があるところでも、今はほとんどの場合、ラテン文字での記述法が一応確立している（日本語でいうローマ字。中国語では、漢字の発音をあらわす「ピンイン」として使われている）。

ラテン語 **bellum** (ベルム)	ドイツ語 **krieg** (クリーク)	ポルトガル語 **guerra** (ゲッハ)
イタリア語 **guerra** (グエッラ)	オランダ語 **oorlog** (オーロフ)	デンマーク語 **krig** (クリッ)
フランス語 **guerre** (ゲール)	スペイン語 **guerra** (ゲーラ)	スウェーデン語 **krig** (クリーグ)

「戦争」をあらわす世界の言葉

ノルウェー語 **krig** (クリーグ)
フィンランド語 **sota** (ソータ)
エスペラント語* **milito** (ミリート)
スワヒリ語 **vita** (ヴィータ)

ブラジルの都市リオデジャネイロのサッカーリーグの選手と子どもたち。ブラジルでもラテン文字（ポルトガル語）が使用される。

「平和」をあらわす世界の言葉

ポルトガル語 **paz** (パシュ)
デンマーク語 **fred** (フレル)
スウェーデン語 **fred** (フレード)
ノルウェー語 **fred** (フレード)

ラテン語 **pax** (パクス)	ドイツ語 **frieden** (フリーデン)	フィンランド語 **rauha** (ラウハ)
イタリア語 **pace** (パーチェ)	オランダ語 **vrede** (フレイデ)	エスペラント語* **paco** (パーツォー)
フランス語 **paix** (ペ)	スペイン語 **paz** (パス)	スワヒリ語 **amani** (アマーニ)

＊1887年、ポーランドの眼科医ザメンホフが、民族の違いをこえて橋渡しとなる言語を目指し考案した人工言語。

37

ロシア（ロシア語）

世界一の国土を有するロシアは、1922年から1991年まで存在したソビエト連邦（ソ連）の後継国で、共和国や州など83の構成主体からなる連邦国家です。ロシアの公用語である「ロシア語」は、国連の公用語にもなっており、表記にはキリル文字が使われます。

■ キリル文字を使用している国（公用語において）

ベラルーシ
セルビア
ボスニア・ヘルツェゴビナ
モンテネグロ
コソボ
マケドニア
ブルガリア
ウクライナ
トルクメニスタン
ウズベキスタン
タジキスタン
キルギス
カザフスタン
ロシア
モンゴル

ロシアの子どもたち。

資料：外務省ホームページの各国基礎データおよび、CIA "The World Factbook" 等

ワンポイント情報

キリル文字

キリル文字には、ЯなどRが左右逆になっているような文字もあり、おもしろい文字だなと感じる人も多いだろう。英語の文字は26文字だが、キリル文字は33文字ある。

大文字
А Б В Г Д Е Ё Ж З И Й
К Л М Н О П Р С Т У Ф
Х Ц Ч Ш Щ Ъ Ы Ь Э Ю Я

ヴァイナー
война

ミール
мир

日本語訳

- 国家、民族、部族などのあいだ、または、1つの国のなかの階級間での武器をもった戦い。
- 自己の目的を達成するための、経済的・政治的な手段などを使った戦い。
（例）経済戦争、心理的な戦争、冷戦など
- （口語的に）何かに対する敵対心を示していること。何かを根絶するための活動。（例）麻薬撲滅戦争

日本語訳

- 仲がいいこと。意見の対立、けんか、敵意がないこと。
- 戦争がないこと。国家間、民族間などの武器をもった争いがないこと。国家間、民族間の共存共栄。
- 戦争をしているどうしの戦争を最終的に終わらせる合意。平和協定。
- 平静平穏。静かでおだやかな状態。

ロシア語では「平和」と「世界」は、同じ単語を使ってあらわす。

38

 結びにかえて

　この本の原稿を書き終えようとしていた4月16日の朝、『ソウル聯合ニュース』が「午前6時20分ごろ北朝鮮は東部の咸鏡南道・新浦付近から弾道ミサイル1発を発射したものの失敗」と報じました。その夕方には「北朝鮮の弾道ミサイル発射が国連安全保障理事会の決議に違反し、朝鮮半島と国際社会の平和に対する威嚇だ」と指摘し、「弾道ミサイルを発射した北朝鮮が今後も挑発を続ければ、懲罰のための措置を取る」と警告を発しました。

　わたしは、この本の6ページに朝鮮半島について「平和条約が未だに締結されていない。このため、平和そうに見える南側の韓国（大韓民国）も、実は現在でも戦時下にある」と記しました。ということは、今後、激しい戦争に発展する可能性が高い！　しかも、北朝鮮は核兵器や化学兵器をもっていて、それらを搭載できるミサイルの性能を試そうとしている、ともいわれています。そうなると……。

　わたしは、ふと思い出したことがあります。それは、1994年に公開された『平成狸合戦ぽんぽこ』というスタジオジブリの劇場アニメ（英題は「Pom Poko」）で、東京郊外のニュータウンを舞台にたぬきたちが「化学（ばけがく）」を使って人間に対抗するという話です。この映画には、反抗するたぬきを、人間がじわじわ包囲していくようすが描かれています。

　なぜ、この映画を思い出したのか？　自問しましたがよくわかりません。でも、もしかしたら、北朝鮮が、勝ち目のない戦いをしかけるたぬきに思えたのかもしれません。映画のなかでも、人間に大きな被害が出ています。万が一、北朝鮮が「化学（ばけがく）」ならぬ、「化学兵器」を使用したら、大変なことになる……。

　「合戦」という言葉は「敵味方が出会って戦う」の意味です。英語版の解説には、PomPoko is an elegiac tale of unlikely heroes fighting insurmountable odds.*¹ とあります。しかし現代の戦争は、敵味方が出会う「合戦」でもなければ「fight」でもありません。nuclear war（核戦争）となる可能性が高いのです。

　映画のなかでは、たぬき（自然界）に対する人間の傲慢さや傍若無人ぶりがよくわかります。しかし、国際法を無視してミサイル実験を重ねる北朝鮮の金正恩に、はたして「盗人にも三分の理」*² があるのでしょうか？　いや、ありません！

　わたしは、そんなことを考えながらこの本をつくりました。

　2017年4月16日

子どもジャーナリスト　稲葉茂勝
Journalist for Children

*1（日本語訳）どうにもならない逆境と戦う思いがけないヒーローたちの哀愁的な物語。
*2 英語では、Give the devil his due（悪魔にも権利はあたえよ）。

●監修／池上 彰（いけがみ あきら）
1950年、長野県松本市生まれ。慶應義塾大学卒業後、1973年、NHKに記者として入局。1994年から「週刊こどもニュース」キャスター。2005年3月NHK退社後、ジャーナリストとして活躍。名城大学教授、東京工業大学特命教授。著書に『ニュースの現場で考える』（岩崎書店）、『そうだったのか！現代史』（集英社）、『伝える力』（PHP研究所）ほか多数。

●著／稲葉 茂勝（いなば しげかつ）
1953年、東京都生まれ。大阪外国語大学、東京外国語大学卒業。子ども向けの書籍のプロデューサーとして多数の作品を発表。自らの著作は、『世界の言葉で「ありがとう」ってどう言うの？』（今人舎）など。国際理解関係を中心に著書・翻訳書の数は80冊以上にのぼる。2016年9月より「子どもジャーナリスト」として、執筆活動を強化しはじめた。

●編集・デザイン／こどもくらぶ（木矢恵梨子・関原瞳・吉澤光夫）
「こどもくらぶ」は、あそび・教育・福祉・国際理解分野で、子どもに関する書籍を企画・編集しているエヌ・アンド・エス企画編集室の愛称。これまでの作品は1000タイトルを超す。

●制作／（株）エヌ・アンド・エス企画

●写真協力（敬称略）
(P5) yukiko1962 / PIXTA、(P18下) mikewaters/123RF、(P27) © CDuncombeStock/Depositphotos.com
(P32) Ververidis Vasilis、(P37) CP DC Press / Shutterstock.com
(P6) © Jonathan Unger、(P7) © Nyker1、(P11左下) © Hou Guima、(P16) © Somjai Ledlod、(P18上) © Thanakorn Phanthura、
(P30) Hikrcn、(P33) © Palinchak、(P35) © Americanspirit、(P36) © Steirus、(P38) © Vitmark | Dreamstime.com

●参考文献
『広辞苑第六版』（新村出 編、岩波書店、2008年）、『大辞林第三版』（松村明・三省堂編修所 編、三省堂、2006年）、『大辞泉第二版』（松村明 監修、小学館大辞泉編集部 編、小学館、2012年）、『동아 새국어사전．제4판』（李 基文、두산동아、2000年）、『标准规范现代汉语词典』（韩萍、吉林出版集团、2009年）、『UP diksiyonaryong Filipino』（Almario Virgilio S.・Sentro ng Wikang Filipino、Anvil Pub.、2001年）、『Từ điển từ & ngữ Việt-Nam』（Nguyễn Lân、Nhà xuất bản Thành phố Hồ Chí Minh、2000年）、『Dictionnaire Cambodgien. 5th ed.』（Buddhasāsanapaṇḍity、Japan Sotoshu Relief Committee、1990年）、『พจนานุกรมนักเรียน』（Samnakphim Prasānmit、สำนักพิมพ์ประสานมิตร、2000年）、『Mran' mā 'abhidhān'』（Burma. Paññā re" Van' krī" Thāna. Mran' mā Cā 'A phvai'、Mran' Mā Cā 'A phvai'、1991年）、『Kamus umum bahasa Indonesia』（J. S. Badudu・Sutan Mohammad Zain、Pustaka Sinar Harapan、1994年）、『シンハラ語・日本語辞典』（野口忠司 編、三省堂、2015年）、『Türkçe sözlük. 9. baskı』（Parlatır İsmail・Türk Tarih Kurumu、Atatürk Kültür, Dil ve Tarih Yüksek Kurumu、Türk Dil Kurumu、1998年）、『المعجم العربي الأساسي : للناطقين بالعربية والتقافة والعلوم لغيرها』（Arab League Educational, Cultural, and Scientific Organization・Larousse (Firm)、المنظمة العربية للتربية والثقافة والعلوم、1988年）、『オックスフォード現代英英辞典 第9版』（オックスフォード大学出版局 編、旺文社、2015年）、『Большой толковый словарь русского языка』（С.А. Кузнецов、Норинт、1998年）、外務省ホームページ、CIAホームページ、Ethnologueホームページ

●協力（敬称略）
青木 真、井手柚佳里、岩井光伽恵、大西彩夏、川口奈穂、川崎 恵、川田麗美、木村 葵、齋藤 史、佐部利佳世、菅野愛子、角田彩佑里、高木由佳、駐日アフガニスタン・イスラム共和国大使館、鳥羽山良平、中庄谷充、濱田彩乃、藤代亜紀、古川 栞、村上明香、山川悠稀
Mipe Gamage Dharmarathna、PHAM THI HAI YEN、Ranepura Hewage Neranjith、YiPing Yu

「戦争」と「平和」をあらわす世界の言葉　NDC801

2017年9月7日　第1刷

監 修／池上 彰
著 ／稲葉茂勝
発行者／中嶋舞子
発行所／株式会社 今人舎
　　　186-0001　東京都国立市北1-7-23　TEL 042-575-8888　FAX 042-575-8886
　　　E-mail nands@imajinsha.co.jp　URL http://www.imajinsha.co.jp
印刷・製本／瞬報社写真印刷株式会社

©2017 Shigekatsu Inaba　ISBN978-4-905530-69-5　Printed in Japan　40p 26cm

定価はカバーに表示してあります。落丁本、乱丁本はお取り替えいたします。

「平和」をあらわす世界の言葉

日本語 ヘイワ 平和	タイ語 サンティパーブ สันติภาพ
韓国語朝鮮語 ピョンファ 평화	ミャンマー語 ニェインチャンイェー ငြိမ်းချမ်းရေး
中国語 フーピン 和平（中国）／ホゥピン 和平（台湾）	インドネシア語 ダマイ damai
フィリピノ語 カパヤパアン kapayapaan	ヒンディー語 シャンティ शांति
ベトナム語 ホアビン hòa bình	ウルドゥー語 ンマア امن ※右から左へ読む。
カンボジア語 サンタピアッ សន្តិភាព	ダリー語 アラッソ صلح ※右から左へ読む。